Inhalt

Unternehmensberater - Optimismus ist wieder angesagt

Kernthesen

Beitrag

Fallbeispiele

Zahlen und Fakten

Weiterführende Literatur

Impressum

GENIOS BranchenWissen Nr. 03/2011 vom 11.03.2011

Unternehmensberater - Optimismus ist wieder angesagt

M.Hofstetter

Kernthesen

- Nach dem Krisenjahr 2009 blickt die Beraterbranche optimistisch in die Zukunft.
- Um den wachsenden Anforderungen an Beratungsunternehmen zu begegnen, werden Fusionen in der Branche erwartet.
- Beratungsunternehmen suchen vor allem Ingenieure und Informatiker.
- Inhouse-Consulting und Einzelberater machen Beratungsunternehmen das Leben schwer.

Beitrag

Branche optimistisch nach Krisenjahr 2009

Die deutschen Unternehmensberater gehen laut der Marktstudie "Facts & Figures zum Beratermarkt 2010/2011" des Bundesverbands Deutscher Unternehmensberater (BDU) gestärkt aus dem Krisenjahr 2009 hervor. Demnach erhöhte sich der Branchenumsatz um 6,9 Prozent von 17,6 Milliarden Euro in 2009 auf 18,9 Milliarden Euro in 2010. Auch für das laufende Jahr ist Optimismus angesagt. Dreiviertel der im Rahmen der Studie befragten rund 500 Beratungsgesellschaften aller Größenklassen erwarten in 2011 steigende Umsätze. Hieraus ergibt sich eine Wachstumsprognose für den Gesamtmarkt von knapp sieben Prozent. Für Branchendynamik soll vor allem das Verarbeitende Gewerbe mit den Schwerpunkten Chemie- und Pharmabranche sowie Fahrzeugbau sorgen.

Besonders zuversichtlich für 2011 zeigen sich Consultingunternehmen der Größenklassen fünf bis 45 Millionen Euro sowie 500 000 bis eine Million Euro Umsatz. Hier gehen jeweils rund 90 Prozent von einem Umsatzplus aus. Die Marktschwergewichte mit mehr als 45 Millionen Euro Umsatz sind mit einem Anteil von 70 Prozent etwas vorsichtiger in ihrer Prognose. (1), (2), [Abb. 1]

Fusionen als Mittel gegen gestiegene Anforderungen

Die wieder schnell wachsende Nachfrage nach Produkten und Dienstleistungen führte 2010 laut der BDU-Studie bei vielen Unternehmen zu einem erhöhten Beratungsbedarf. Themen sind Unternehmensfinanzierung (plus 9,5 Prozent), Marketing/Vertrieb (plus neun Prozent) sowie Innovation (plus 8,6 Prozent). Gleichzeitig ist die Nachfrage nach Human-Resources-Beratung gestiegen.

Parallel dazu wachsen die Anforderungen an die Unternehmensberater selbst. Um diesen Anforderungen gerecht zu werden, sind 70 Prozent der Top-60-Unternehmensberatungen und 80 Prozent der großen Marktteilnehmer zwischen zehn und 45 Millionen Euro Umsatz der Meinung, dass es in der Branche verstärkt zu Fusionen innerhalb der Gruppe der Top-Management- und IT-Beratungen kommen wird. Doch der Leidensdruck scheint noch nicht groß genug zu sein, denn die Umsetzung ist bisher nicht gelungen. So scheiterte der geplante Zusammenschluss der Strategieberatungen Booz, nach Umsatzzahlen 2009 die Nummer vier in Deutschland, und A.T. Kearney, die Nummer zehn, im Sommer 2010 unter anderem daran, dass sich beide

Seiten nicht auf einen Namen für das neue Gemeinschaftsunternehmen einigen konnten. Auch der Ende 2010 geplante Schulterschluss von Roland Berger, die Nummer drei in Deutschland, mit dem Wirtschaftsberatungsunternehmen Deloitte scheiterte. (1), (2), (6), [Abb. 2]

Ingenieure und Informatiker sind gefragt

2010 arbeiteten in Deutschland mehr als 87 000 Unternehmensberater (Zuwachs 3,2 Prozent) in rund 13 850 Beratungsfirmen (Zuwachs 4,4 Prozent). Insgesamt waren 2010 über 117 000 Mitarbeiter in der Consultingbranche in Deutschland beschäftigt. So ist es nicht ungewöhnlich, dass zwischen Januar und Oktober 2010 jedes vierzehnte Stellenangebot seinen Ursprung in einem Beratungsunternehmen oder Finanzdienstleister hatte. Zu diesem Ergebnis kam der Personaldienstleister Adecco in seinem Stellenindex. Von den rund 45 000 Offerten richteten sich etwa 6 300 an Ingenieure und Informatiker. Damit waren diese beiden Berufsgruppen die am meisten gefragten in der Beratung und bei Finanzdienstleistern. Ein Grund ist, dass viele Beratungsprojekte technische Lösungen beinhalten oder das Verständnis für deren Zusammenhänge erfordern. Insbesondere Wirtschaftsingenieure sind in der Beratung stark vertreten, aber auch Ingenieure des Maschinenbaus, der Elektrotechnik und Wirtschaftsinformatik sind gefragt.

Dass es sich für Ingenieure finanziell lohnt, bei einer Beratungsgesellschaft anzuheuern, hat der Vergütungsspezialist Personalmarkt herausgefunden. Nach Informationen des Unternehmens verdienen Ingenieure bei Beratungsfirmen mit 56 000 Euro im Schnitt rund 5 000 Euro mehr als ihre Kollegen in der Industrie. (1), (2), (3), [Abb. 3]

Inhouse-Consulting macht das Berater-Leben schwer

Die Beraterbranche hat an mehreren Fronten einen schweren Stand. So hat die Finanzkrise viele Unternehmen skeptisch gegenüber Beratern gemacht, deren Vorstände kürzten vielfach die entsprechenden Budgets. Eine Mitte 2010 durchgeführte Umfrage von Capital bei allen 30 DAX-Konzernen zeigte, dass Beraterbudgets im Schnitt um 20 Prozent gekürzt wurden. Daimler hatte seine Ausgaben für Berater in 2009 sogar um 70 Prozent zurückgefahren. In vielen Konzernen wurden Consultingprojekte in der Regel nur noch mit ausdrücklicher Genehmigung des Vorstands in Angriff genommen, etwa bei Eon, Fresenius und MAN. Schon ab einer Größenordnung von 50 000 Euro wurde vielfach ein komplexes Ausschreibungsprozedere eingeleitet. Die Ausnahmen waren große, strategische Projekte, die für einen Vorstand von großer Bedeutung sind.

Viele Unternehmen setzen jedoch auch aus anderen Gründen nur in ganz bestimmten Bereichen auf externe Hilfe. So sollen zum Beispiel Entscheidungen intern gefällt werden, um Kundenvertrauen zu stärken. Die Notwendigkeit, mit externen Beratern zusammenzuarbeiten beschränkt sich beispielsweise bei der Targobank auf einmalige Fälle, wie der Umbenennung der Citibank Deutschland zur Targobank. BASF greift bisweilen auf externe Marktexpertise zurück, um eigene Prognosen kritisch zu hinterfragen. Andere Beispiele für den Einsatz externer Berater beim Chemiekonzern sind die Entwicklung von IT-unterstützten Optimierungsmodellen und Ressourcenaufstockung für Großprojekte. Wenn jedoch ein tieferes Wissen zu den Besonderheiten des Unternehmens notwendig ist, bevorzugt BASF seine fast 130 Mitarbeiter starke Inhouse-Consulting-Einheit.

Ein weiteres Problem der etablierten Branchengrößen sind die sogenannten One-Man-Shows. Ehemalige Boston Consulting Group- oder McKinsey-Berater, die mit deren Methodik bestens vertraut sind, bieten sich zu Tagessätzen an, die weit unter denen ihrer Ex-

Arbeitgeber liegen.

Auch sind die Erfolgsaussichten eines Beratungsprojekts nicht gewiss. Nach einer Studie der Züricher Metaberatung Cardea aus dem Jahr 2010 sind zwei Drittel aller Beratungsprojekte erfolgreich. 28 Prozent der Projekte schätzten die befragten Führungskräfte aus Deutschland und der Schweiz als gescheitert ein, vier Prozent der Projekte wurden vorzeitig abgebrochen. Die häufigsten Probleme sind demnach, dass keine konkreten Ergebnisse erreicht werden, die Umsetzbarkeit der Konzepte nicht funktioniert oder diese nur unter Inkaufnahme erheblicher Mehrkosten umzusetzen sind. (4), (5)

Trends

Zukunft integrative Beratung

Eine Studie im Rahmen einer Masterthesis zeigt die integrative Beratung als die "Beratungsform der Zukunft" für komplexe Projekte. Als Grund wird die nachhaltige Verbindung von Strategie, Fachlichkeit und Umsetzungskompetenz genannt. Sie wird vom Kunden zunehmend gefordert - insbesondere zur Förderung nachhaltiger Projektergebnisse.

Nahezu jede der im Rahmen der Studie befragten Beratungsgesellschaften ist dabei, Kompetenzen zur integrativen Beratung weiter auf- und auszubauen. Neben der Kompetenzerweiterung würde von Kundenseite eine transparente Darstellung des integrativen Ansatzes, starke Business-Fokussierung und messbarer Nutzen erwartet. Aktuell könnten Beratungsgesellschaften mit hoher Kompetenz zur integrativen Beratung noch einen Wettbewerbsvorteil mit einem klaren Alleinstellungsmerkmal erzielen. (8)

Fallbeispiele

Qualitätsstempel für Berater

Mehrere Initiativen sollen die Attraktivität des amerikanisch geprägten internationalen Geschäftsreiseverbands Acte auf dem europäischen Kontinent erhöhen. Für 2011 kündigte der Verband unter anderem ein Zertifikat für Unternehmensberater an. Deren Zahl, insbesondere die von Ein-Mann-Unternehmen, steigt stetig an. Um hier mehr Transparenz zu schaffen, will Acte einen sogenannten Consultants Corner schaffen und für Qualitätsstandards sorgen. (7)

McKinsey steigt in Weiterbildung ein

Als eine Reaktion auf die veränderten Marktbedingungen, wie bereits erwähnt sind Unternehmen zurückhaltender in der Vergabe von Beratungsaufträgen geworden, steigt McKinsey in den Markt für die Weiterbildung von Erwachsenen ein. Im Sommer 2011 will die Beratungsgesellschaft in München ein "McKinsey Capability Center" eröffnen, in dem Fach- und Führungskräfte von Unternehmen trainiert werden sollen. Der Schritt ist Teil einer internationalen Strategie; auch in anderen Ländern werden "Capability Center" eingerichtet. Dozenten sollen sowohl Berater als auch erfahrene Fachleute aus der Praxis sein. Die Programme sollen bis zu mehrere Wochen dauern. McKinsey treibt damit den Wandel von einer klassischen Unternehmensberatung zu einem Wissensanbieter voran. (11)

Zahlen & Fakten

Abbildung 1: Umsatz Unternehmensberatungen in Deutschland

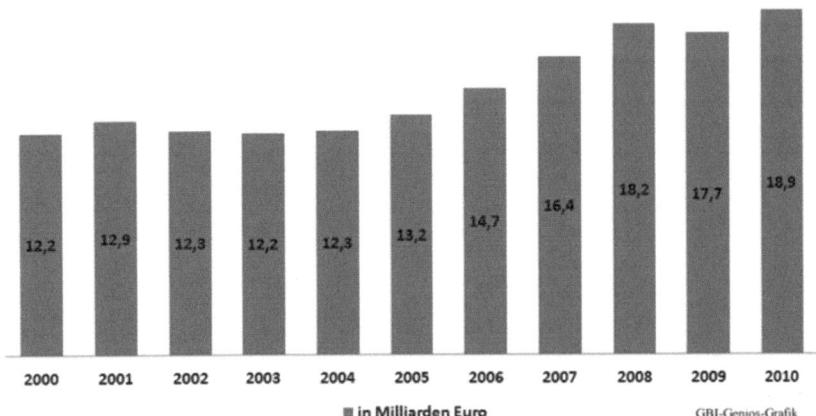

Quelle: Lünendonk, Bundesverband Deutscher Unternehmensberater Entnommen aus: D: Top Markt für Unternehmensberatungen 2000-2009, (9), und Betriebs-Berater, 9/2011, S. 553 (Zahl 2010), (1)

Abbildung 2: Top 17 Beratungsunternehmen nach Umsatz in Deutschland und Anzahl der Mitarbeiter 2009

Rang	Unternehmen	Umsatz in Mio. Euro *	Mitarbeiter Anzahl
1	McKinsey	> 500	2.399
2	The Boston Consulting Group GmbH	418	1.540
3	Roland Berger	390	800
4	Booz & Company GmbH	260	595

5	Deloitte	253	1.108
6	Steria Mummert Consulting AG	234	1.655
7	Oliver Wyman GmbH	232	600
8	Capgemini	202	845
9	BEARINGPOINT GMBH	196	1.288
10	A.T. Kearney Gesellschaft mit beschränkter Haftung	196	554
11	Bain & Company	193	440
12	Droege International Group AG	190	170
12	Zeb/Rolfes Schierenbeck	85	595
13	Mercer Deutschland GmbH	74	580
14	Management Engineers International Consultants GmbH & Co. KG	70	130
16	Simon Kucher & Partner Strategy & Marketing Consultants GmbH	69	270
17	Arthur D. Little	68	215

* Teilweise Schätzung Quelle: Lünendonk, Bundesverband Deutscher Unternehmensberater Entnommen aus: D: Top Markt für Unternehmensberatungen 2000-2009, (9)

Abbildung 3: Einkommen in Unternehmensberatungen nach Position und Berufserfahrung 2010

Berufserfahrung	in Tausend Euro *

Geschäftsführer, Partner **	
Über 10 Jahre	162
5 bis 10 Jahre	127
Unternehmensberater	
Über 10 Jahre	85
5 bis 10 Jahre	80
2 bis 5 Jahre	59
IT-Beratung	
Über 10 Jahre	74
5 bis 10 Jahre	66
2 bis 5 Jahre	53
Controller	
Über 10 Jahre	61
5 bis 10 Jahre	59
2 bis 5 Jahre	52

* Eine Hälfte aller vorkommenden Werte liegt höher, die ander Hälfte liegt niedriger ** Mit Personalverantwortung Quelle: www.personalmarkt.de Entnommen aus: Frankfurter Allgemeine Zeitung, 126/2010, S. 21, (10)

Weiterführende Literatur

(1) Wochenüberblick

aus Betriebs Berater Heft 9/2011 Seite 553

(2) Fusionen in der Beraterbranche
aus Frankfurter Allgemeine Zeitung, 23.02.2011, Nr. 45, S. 15

(3) Ingenieure in der Consulting-Branche: In zwei Welten zu Hause
aus VDI NR. 48 VOM 03.12.2010 SEITE 21

(4) Süchtig nach Beratung
aus Frankfurter Allgemeine Zeitung, 26.02.2011, Nr. 48, S. C3

(5) Strategen im Stresstest McKinsey. Die elitäre Beraterfirma steckt in der Klemme. Die Verfolger jagen dem deutschen Marktführer wichtige Kunden ab, die Budgets schrumpfen. Mit neuen Methoden und alten Netzwerken will das Unternehmen die Konkurrenz auf Distanz halten. Ein Bericht aus der Kampfzone
aus Capital vom 01.09.2010, Seite 76-81

(6) Ratlose Berater
aus Frankfurter Allgemeine Zeitung, 07.01.2011, Nr. 5, S. 11

(7) Qualitätsstempel für Berater
aus fvw Nr. 21 vom 08.10.2010 Seite 058

(8) Integrative Beratung in der Praxis
aus OrganisationsEntwicklung Nr. 4 vom 22.10.2010 Seite 078

(9) D: Top Markt für Unternehmensberatungen 2000-2009
aus Frankfurter Allgemeine Zeitung, 04.06.2010, S. 21

(10) Keine Entlassungen
aus Frankfurter Allgemeine Zeitung, 04.06.2010, Nr. 126, S. 21

(11) McKinsey will Führungskräfte weiterbilden
aus Frankfurter Allgemeine Zeitung, 21.01.2011, Nr. 17, S. 15

Impressum

Unternehmensberater - Optimismus ist wieder angesagt

Bibliografische Information der deutschen Nationalbibliothek

Die Deutsche Nationalbibliothek verzeichnet diese Publikation in der deutschen Nationalbibliografie; detaillierte bibliografische Daten sind im Internet über http://dnb.d-nb.de abrufbar.

ISBN: 978-3-7379-2550-1

© 2015 GBI-Genios Deutsche Wirtschaftsdatenbank GmbH, Freischützstraße 96, 81927 München, www.genios.de

Alle Rechte vorbehalten. Dieses Werk ist einschließlich aller seiner Teile – z.B. Texte, Tabellen und Grafiken - urheberrechtlich geschützt. Jede Verwertung außerhalb der Grenzen des Urheberrechtsgesetzes bedarf der vorherigen Zustimmung des Verlags. Dies gilt insbesondere auch für auszugsweise Nachdrucke, fotomechanische Vervielfältigungen (Fotokopie/Mikroskopie), Übersetzungen, Auswertungen durch Datenbanken oder ähnliche Einrichtungen und die Einspeicherung und Verarbeitung in elektronischen Systemen.